So wird es gemacht

Öffne das LÜK®-Kontrollgerät und lege die Plättchen in den unbedruckten Deckel. Jetzt kannst du auf den Plättchen und auf dem Geräteboden die Zahlen 1 bis 24 sehen.

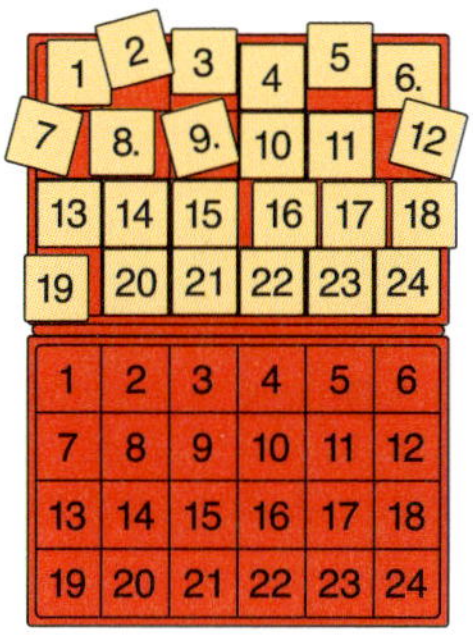

Beispiel: Seite 2
Was sind Nomen?
Nimm das Plättchen 1 und entscheide, ob das Wort ein Lebewesen, ein Ding oder ein Gefühl oder etwas Erdachtes ist. In der Lösungstabelle findest du die Feldzahl, auf die du das Plättchen im Kontrollgerät legen musst. Lege also das Plättchen 1 auf das Feld **6** im Geräteboden. Die Zahl 1 muss nach oben zeigen.

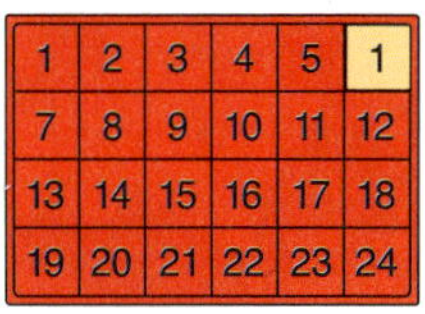

So arbeitest du weiter, bis alle Plättchen im Geräteboden liegen. Schließe dann das Gerät und drehe es um. Öffne es von der Rückseite. Wenn du das bei der Übung abgebildete Kontrollmuster siehst, hast du alle Aufgaben richtig gelöst.

Passen einige Plättchen nicht in das Muster, dann hast du dort Fehler gemacht. Drehe diese Plättchen da, wo sie liegen, um, schließe das Gerät, drehe es um und öffne es wieder. Jetzt kannst du sehen, welche Aufgaben du falsch gelöst hast.

Nimm diese Plättchen heraus und suche die richtigen Ergebnisse. Kontrolliere dann noch einmal. Stimmt jetzt das Muster?

Das System ist für alle Übungen dasselbe: Die roten Aufgabennummern entsprechen immer den LÜK-Plättchen aus dem Kontrollgerät. Die Zahlen hinter den Lösungen sagen dir, auf welche Felder des Kontrollgerätes du die Plättchen legen musst.

In diesem Heft ist die Kontrolle bereits nach der Lösung von 12 Aufgaben möglich. Lege auch nur die Plättchen 1 bis 12 bzw. 13 bis 24 in das Kontrollgerät.

Und nun viel Spaß!

Was sind Nomen?

Info:

Mit Nomen bezeichnen wir Lebewesen (Menschen, Tiere und Pflanzen) und Dinge:
das Kind, ein Meerschweinchen, die Blume, der Stuhl.
Auch Gefühle und Gedachtes sind Nomen:
die Angst, ein Gedanke, das Wissen.
Nomen werden auch Namenwörter, Hauptwörter oder Substantive genannt. Nomen werden immer großgeschrieben.

1 Ordne die folgenden Nomen den Gruppen zu.

		Lebewesen	Dinge	Gefühle und Erdachtes
1	Mädchen	6	7	1
2	Stiefel	5	4	5
3	Freude	11	8	1
4	Pferd	5	2	7
5	König	7	3	9
6	Ehre	9	11	3
7	Schloss	8	9	2
8	Rose	11	3	1
9	Rakete	10	2	8
10	Astronaut	8	12	7
11	Aufregung	4	6	12
12	Mond	5	10	9

Nomen und ihre Artikel

Info:

Nomen kannst du am Artikel erkennen.
Es gibt bestimmte Artikel (*der, die, das*) und unbestimmte Artikel (*ein, eine*):
der Ball, die Mannschaft, das Spiel, ein Sieg, eine Feier.

2 Welches Wort ist ein Nomen?

Das Geschenk

1 Zum Geburtstag habe ICH EIN KANINCHEN bekommen.
3 2 5

2 Von meiner Tante gab ES EINEN STALL.
7 5 3

3 Mein Vater will mir NOCH EIN GEHEGE bauen.
4 6 2

4 Ich habe von meinem Geld DAS FUTTER GEKAUFT.
7 6 5

5 Im Garten habe ich FÜR DAS TIER Gras gepflückt.
3 11 7

6 Wir wissen aber nicht, ob es EIN MÄNNCHEN IST.
10 4 8

7 BEI DEM GEBURTSTAGSFEST haben wir nach einem Namen gesucht.
12 11 10

8 Aber es ist uns an DEM NACHMITTAG KEIN schöner Name eingefallen.
1 11 8

9 Heute habe ich IN EINEM BUCH einen gefunden.
8 4 1

10 Ich WERDE DAS KANINCHEN Hoppelpoppel nennen.
12 6 8

11 Das IST EIN NAME, der zu ihm passt.
11 9 12

12 Gleich werde ich für den Stall EIN SCHILD MIT seinem neuen Namen malen.
10 9 5

Info:

Artikelprobe: Wenn du vor ein Wort sinnvoll einen Artikel setzen kannst, dann ist das Wort ein Nomen. Es wird großgeschrieben:
FREUDE: die Freude (also ein Nomen).

3 Welche Wörter der Wortschlange sind Nomen?

Finde es mit der Artikelprobe heraus.
Kontrolliere mit LÜK.
Schreibe die Nomen mit ihren Artikeln in dein Heft (Lösung Seite 32).

	Nomen	kein Nomen		Nomen	kein Nomen
1	6	9	7	3	4
2	9	7	8	11	12
3	5	1	9	12	2
4	3	5	10	8	4
5	7	8	11	11	12
6	2	10	12	4	6

4 Welche Wörter der Wortschlange sind Nomen?

Finde es mit der Artikelprobe heraus.
Kontrolliere mit LÜK.
Schreibe die Nomen mit ihren Artikeln in dein Heft (Lösung Seite 32).

	Nomen	kein Nomen
1	5	10
2	1	11
3	8	4
4	6	9
5	11	10
6	2	3
7	8	6
8	9	12
9	3	7
10	9	8
11	11	10
12	5	7

Info:

Zwischen Artikel und Nomen kann ein Adjektiv stehen:

der *bunte* *Ball, die* *rote* *Rose, das* *neue* *Kleid, ein* *schöner* *Tag.*

5 Welches Wort ist ein Nomen?

Führe die Artikelprobe durch, wenn du unsicher bist.

Das Klassenfest

1 Zum Abschluss des Schuljahres machen die Kinder der 3a EIN BESONDERES FEST.
12 11 10

2 Sie haben sich eine Menge für DIE NEUGIERIGEN ELTERN ausgedacht.
4 9 12

3 Ria eröffnet die Feier mit EINEM ENGLISCHEN LIED.
9 8 7

4 Merit und Leon führen einen GESPIELTEN WITZ VOR.
7 9 11

5 Einige Mädchen tanzen zu einem FLOTTEN SCHLAGER AUS der Hitparade.
8 1 6

6 Es folgt EIN LUSTIGES THEATERSTÜCK.
5 7 11

7 Danach hat die BELIEBTE TROMMELGRUPPE IHREN Auftritt.
3 5 8

8 Mehrere Kinder BAUEN EINE PYRAMIDE.
4 6 3

9 Mit EINEM ZAUBERTRICK VERBLÜFFT Majan die Zuschauer.
6 8 2

10 Zum Schluss singen die Kinder DAS BEKANNTE LIED „Endlich sind Ferien".
4 7 2

11 Die Zuschauer bedanken sich mit EINEM LAUTEN BEIFALL.
6 5 4

12 Nach DER VORFÜHRUNG STÄRKEN sich alle mit Saft und Kuchen.
10 6 1

Nomen mit den Endungen *-keit, -heit, -nis, -tum* und *-ung*

Info:

Die Endungen *-keit, -heit, -nis, -tum* und *-ung* kennzeichnen Nomen:
die Tapferkeit, die Schönheit, das Ärgernis, der Reichtum, die Rechnung.

6 Mit den folgenden Wörtern kannst du Nomen bilden, wenn du die richtige Endung anhängst.
Überprüfe mit LÜK.
Schreibe die Nomen mit Artikel in dein Heft.
Denke an die Großschreibung (Lösung Seite 32).

1	sauber	-nis	**16**	-keit	**17**
2	eigen	-tum	**15**	-nis	**13**
3	finster	-tum	**16**	-nis	**14**
4	gesund	-heit	**18**	-tum	**20**

5	frech	-heit	**19**	-keit	**22**
6	reich	-nis	**13**	-tum	**16**
7	dankbar	-heit	**23**	-keit	**21**
8	wild	-tum	**22**	-nis	**23**

9	heiter	-heit	**17**	-keit	**13**
10	wahr	-heit	**20**	-keit	**24**
11	heilig	-tum	**24**	-nis	**14**
12	klug	-nis	**18**	-heit	**22**

7 Viele Nomen mit den Endungen *-nis* und *-ung* stammen von Verben ab.
Welches Nomen gehört zu welchem Verb?

- die Erkenntnis **8**
- die Erzählung **7**
- die Entschuldigung **12**
- die Prüfung **9**
- die Rechnung **4**
- das Erlebnis **11**

1. sich entschuldigen
2. erkennen
3. prüfen
4. erleben
5. rechnen
6. erzählen

7. erlauben
8. sich kleiden
9. gestehen
10. wandern
11. belohnen
12. ergeben

- die Wanderung **3**
- die Kleidung **6**
- die Belohnung **5**
- die Erlaubnis **2**
- das Geständnis **10**
- das Ergebnis **1**

Info:

Nomen können in der Einzahl und in der Mehrzahl stehen.
Der bestimmte Artikel in der Mehrzahl ist immer *die*:
der Baum - die Bäume, das Kind - die Kinder.

8 Suche zu den Nomen die passende Mehrzahl aus den Wörterwürmern.

1	der Garten	4	der Zaun
2	das Beet	5	die Mutter
3	die Sonne	6	das Buch

3 11 8 12 10 7

7	die Straße	10	das Fahrrad
8	das Auto	11	die Bremse
9	der Junge	12	der Unfall

4 6 2 1 9 5

Die vier Fälle der Nomen

Info:

Nomen können in vier Fällen stehen.
Die Rolle im Satz bestimmt, welcher Fall benutzt wird.
Die Frau des Bäckers nimmt dem Hund den Kuchen weg.
Durch bestimmte Fragewörter kann man die Fälle erkennen.

1. Fall oder Wer-Fall:	<u>Wer oder was</u> tut etwas?	*die Frau*
2. Fall oder Wes-Fall:	<u>Wessen</u> Frau tut etwas?	*des Bäckers*
3. Fall oder Wem-Fall:	<u>Wem</u> geschieht etwas?	*dem Hund*
4. Fall oder Wen-Fall:	<u>Wen oder was</u> nimmt sie weg?	*den Kuchen*

9 In welchem Fall stehen die unterstrichenen Nomen?
Bestimme den Fall durch entsprechende Fragen.

Glück im Unglück

		1. Fall Wer? Was?	2. Fall Wessen?	3. Fall Wem?	4. Fall Wen? Was?
1	Im Garten steht ein großer <u>Kirschbaum</u>.	11	7	10	12
2	Serkans Vater stellt eine <u>Leiter</u> an den Baum.	8	6	3	7
3	Serkan nimmt sich einen <u>Korb</u> und steigt hoch.	12	8	6	4
4	Von der Leiter aus steigt der <u>Junge</u> in den Baum.	12	5	9	8
5	Hier oben sind die Äste des <u>Baumes</u> ziemlich dünn.	11	10	9	6
6	Serkans Vater ruft seinem <u>Sohn</u> zu: „Geh zurück auf die Leiter!“	5	3	8	1
7	Da passiert schon das <u>Unglück</u>.	1	2	6	5
8	Ein Zweig der <u>Kirsche</u> bricht und Serkan rutscht ab.	6	5	9	3
9	Dem <u>Vater</u> stockt der Atem.	8	10	3	11
10	Zum Glück kann Serkan einen dicken <u>Ast</u> umklammern.	2	8	6	9
11	Sein Fuß erreicht die oberste Sprosse der <u>Leiter</u> und er klettert wieder nach unten.	8	6	2	4
12	Serkans Vater umarmt glücklich seinen <u>Sohn</u>.	9	3	6	2

Info:

Die Nomen haben in den vier Fällen unterschiedliche Endungen.
Auch die Artikel sind verschieden:

1. Fall:	*der Mann, die Frau, das Kind;*	*ein Mann, eine Frau, ein Kind;*
2. Fall:	*des Mannes, der Frau, des Kindes;*	*eines Mannes, einer Frau, eines Kindes;*
3. Fall:	*dem Mann, der Frau, dem Kind;*	*einem Mann, einer Frau, einem Kind;*
4. Fall:	*den Mann, die Frau, das Kind;*	*einen Mann, eine Frau, ein Kind.*

10 Was muss eingesetzt werden?

Witze, Witze

13	Der Richter beginnt ■ .	die Verhandlung **23**	der Verhandlung **21**
14	„Sie haben ■ eine Trompete gestohlen.	der Mann **20**	dem Mann **19**
15	Können Sie denn auf ■ spielen?“	das Instrument **22**	dem Instrument **16**
16	Darauf sagt ■ :	der Angeklagte **24**	dem Angeklagten **15**
17	„Nein, aber ■ auch nicht.	der Mann **13**	den Mann **17**
18	Und der wohnt in ■ neben mir.“	die Wohnung **21**	der Wohnung **15**

19	Die Klasse 3c besucht ■ .	der Zoo **18**	den Zoo **14**
20	Da sagt ■ :	der Lehrer **17**	dem Lehrer **21**
21	„Tim, geh nicht so nah an ■ . Du bist schon erkältet!“	der Eisbär **22**	den Eisbären **21**

22	Wenn sich eine Biene auf ■ setzt,	der Kaktus **17**	den Kaktus **20**
23	sticht dann der Kaktus ■	die Biene **18**	der Biene **24**
24	oder die Biene ■ ?	der Kaktus **15**	den Kaktus **22**

Info:

Auch in der Mehrzahl gibt es die vier Fälle.
Achte auf die Endungen und die Artikel:

1. Fall:	*die Männer, die Frauen, die Kinder;*
2. Fall:	*der Männer, der Frauen, der Kinder;*
3. Fall:	*den Männern, den Frauen, den Kindern;*
4. Fall:	*die Männer, die Frauen, die Kinder.*

11 In welchem Fall stehen die unterstrichenen Nomen?

Mein Traum-Spielplatz

		1. Fall Wer? Was?	**2. Fall** Wessen?	**3. Fall** Wem?	**4. Fall** Wen? Was?
1	Auf diesem Spielplatz fallen zuerst die vielen Spielgeräte auf.	5	7	9	3
2	Die Länge der Rutschen ist einfach toll.	4	1	3	2
3	Ich muss auch die Schaukeln ausprobieren.	6	8	10	4
4	Aber dann gebe ich doch den Karussels den Vorzug.	10	4	6	12
5	Nach ein paar Runden gehe ich zu den Trampolins.	11	12	10	8
6	Es gibt sogar einige Hüpfburgen.	5	4	3	2
7	Auf einem See schwimmen verschiedene Boote.	8	10	12	11
8	Die Ruder der Ruderboote sind für mich zu lang.	9	12	11	7
9	Einfacher zu bedienen sind die Tretboote.	3	6	9	11
10	Im angrenzenden Wald gibt es viele Kletterbäume.	7	5	3	9
11	An langen Seilen schwinge ich von Baum zu Baum.	10	2	11	5
12	Solch ein Spielplatz würde allen Kindern gefallen.	9	8	7	6

12 **Was musst du einsetzen?**

Achte auch auf die richtigen Artikel.

Ein merkwürdiger Zoo

1	Am Eingang steht ■ .	ein Affe **19**	einem Affen **24**
2	Er schenkt mir als Eintrittskarte ■ .	einer Banane **17**	eine Banane **21**
3	Wir gehen zu ■ .	dem Bärenkäfig **24**	des Bärenkäfigs **23**
4	Das Gehege ■ ist wie ein schöner Garten.	der Bären **20**	den Bären **22**
5	Die Bären bieten mir und ■ Kekse an.	der Affe **15**	dem Affen **17**

6	Sie führen ■ vor.	einen Tanz **22**	einem Tanz **13**
7	Danach besuchen wir ■ .	den Robben **23**	die Robben **15**
8	Ich darf mit ■ schwimmen.	den Robben **13**	die Robben **18**

9	Das Haus ■ ist auch toll.	die Elefanten **14**	der Elefanten **23**
10	Es sieht aus wie ■ .	ein Palast **18**	einem Palast **16**
11	Auf ■ reite ich zum Ausgang.	einen Elefanten **19**	einem Elefanten **14**
12	Zum Abschluss bekomme ich ein Foto von ■ geschenkt.	den Tieren **16**	die Tiere **24**

13 Was musst du einsetzen?

Tierisch witzig

1	Der Dompteur beruhigt ■.	ein Kameramann **9**	einen Kameramann **7**
2	„Ich habe ■ mit der Flasche großgezogen.“	der Löwe **8**	den Löwen **9**
3	„Ich habe als Baby auch ■ bekommen.	die Flasche **12**	der Flasche **10**
4	Und heut esse ich gern mal ■“, meint der Kameramann und verschwindet.	ein Braten **11**	einen Braten **8**

5	Eine Katze und eine Maus gehen in ■.	eine Konditorei **5**	einer Konditorei **4**
6	Die Maus piepst: „Ich möchte ■ Käsekuchen.“	ein Stück **10**	einem Stück **1**
7	Darauf sagt die Katze: „Ich hätte gern ■ Sahne auf die Maus.“	ein Klacks **1**	einen Klacks **3**

8	„Sie haben da ■“,	einen tollen Wachhund **1**	ein toller Wachhund **2**
9	sagt eine Frau zu ■ am Strand.	ein Mann **6**	einem Mann **11**
10	Da antwortet der Mann ■:	die Frau **7**	der Frau **6**
11	„Ja, ■ ist wirklich gut.	der Hund **2**	den Hund **4**
12	Leider gehört er mir nicht und ich komme seit drei Stunden nicht an ■ ran.“	die Sachen **4**	der Sachen **5**

Info:

Anstelle des Artikels kann ein Pronomen (Fürwort) stehen, das anzeigt, wem das Nomen gehört:
mein Vater, deine Geige, ihr Hund, unsere Hefte.
Diese Pronomen haben je nach Fall unterschiedliche Endungen.
Mein Bruder ist wieder gesund. Es geht meinem Bruder gut.

14 Was musst du einsetzen?

Ankunft im Zeltlager

1	Ich verbringe mit ■ die Ferien in einem Zeltlager.	meine Geschwister **11**	meinen Geschwistern **12**
2	Anna pumpt schon ■ auf.	ihre Luftmatratze **8**	ihrer Luftmatratze **10**
3	Die Luft will aber einfach nicht in ■ bleiben.	ihre Matratze **7**	ihrer Matratze **9**
4	Kein Wunder! Der Stöpsel ■ ist kaputt.	ihre Matratze **6**	ihrer Matratze **11**
5	Anna holt ■ Till.	unser Bruder **2**	unseren Bruder **4**
6	Er gibt ■ einen Ersatzstöpsel.	meine Schwester **5**	meiner Schwester **7**
7	Ich habe ■ vergessen.	mein Kopfkissen **2**	meinem Kopfkissen **3**
8	Ich werde ■ unterlegen.	mein Pullover **4**	meinen Pullover **6**
9	Anna findet ■ nicht.	ihr Kuscheltier **10**	ihrem Kuscheltier **5**
10	Till vermisst ■.	seine Badehose **3**	seiner Badehose **1**
11	Zum Glück kommt ■.	unsere Mutter **5**	unserer Mutter **7**
12	Sie bringt uns ■.	unsere Sachen **1**	unseren Sachen **11**

Info:

Ein Pronomen kann auch anstelle des Nomens stehen:
Ich treffe meine Freundin. Ich gebe <u>ihr</u> ein Geschenk.
Dort läuft Pedro. Ich sehe <u>ihn</u>.
Pronomen können in verschiedenen Fällen, in Einzahl oder Mehrzahl stehen.

15 Welches Wort musst du einsetzen?

Geschwister

1	Lennarts kleine Schwester Linn macht ■ großen Ärger.	ihm **22**	ihr **24**
2	Ständig nimmt ■ seine Sachen.	ihr **19**	sie **20**
3	Das macht ■ ganz böse.	ihm **17**	ihn **23**
4	Aus Rache hat ■ ihren Teddy versteckt.	er **21**	ihm **22**
5	Jetzt weint Linn. Die Tränen laufen ■ übers Gesicht.	ihr **18**	sie **17**
6	Schnell gibt Lennart ■ den Teddy zurück.	ihm **13**	ihr **19**

7	Annika macht Hausaufgaben. Tobias hilft ■ .	ihr **14**	sie **15**
8	„Dieses Wort musst ■ mit Γ schreiben."	sie **17**	du **16**
9	„Kannst du ■ auch bei Mathe helfen?"	mir **24**	ihn **21**
10	„Klar helfe ich ■ .	du **13**	dir **17**
11	Dann können ■ hinterher noch spielen.	wir **15**	uns **18**
12	Vielleicht gibt Mama ■ auch etwas Süßes."	wir **16**	uns **13**

16 Was musst du einsetzen?

Auf dem Bauernhof

1	Heute besuchen ■ einen Bauernhof.	wir **5**	du **4**
2	Der Bauer zeigt ■ zuerst die Maschinen.	wir **10**	uns **1**
3	Merve darf auf ■ Trecker klettern.	seinen **4**	unser **6**
4	Ich beneide ■ ein bisschen.	sie **6**	ihr **11**
5	Dafür darf ■ im Stall ein Kälbchen streicheln.	wir **8**	ich **10**
6	Wie weich ■ Fell ist!	sein **2**	es **3**

7	Die großen Kühe machen ■ ein wenig Angst.	mein **12**	mir **8**
8	Wir sehen zu, wie ■ gefüttert werden.	sie **12**	er **11**
9	Der Bauer gibt ■ noch Wasser.	sie **9**	ihnen **3**
10	Im Kuhstall leben auch Schwalben, die gerade ■ Jungen füttern.	ihr **7**	ihre **9**
11	Nach drei Stunden geht ■ Besuch zu Ende.	unser **11**	euch **1**
12	Er hat ■ viel Spaß gemacht.	dich **5**	uns **7**

Was sind Verben?

Info:

Verben geben an, was jemand tut und was geschieht:
Heute scheint die Sonne. Morgen regnet es.
Verben werden kleingeschrieben.

17 **Setze passende Verben ein.**

Jana und Teddy

schmecken **17**
füttert **23**
steht **20**

1. Janas Goldhamster Teddy ■ in einem großen Käfig.
2. Darin ■ ein Häuschen aus Holz.
3. Jeden Tag ■ Jana ihren Liebling.
4. Am liebsten ■ Teddy Mohrrüben.
5. Aber auch Körner und Trockenfutter ■ ihm.
6. Wasser ■ Teddy aus einer kleinen Flasche.

wohnt **21**
frisst **22**
trinkt **19**

versteckt **14**
nimmt **15**
setzt **24**
bürstet **18**
spielt **13**
mag **16**

7. Nach der Schule ■ Jana mit ihrem Hamster.
8. Dazu ■ sie Teddy aus seinem Käfig
9. und ■ ihn auf ihren Schoß.
10. Sie ■ ihn mit einer weichen Bürste.
11. Das ■ Teddy gerne.
12. Manchmal ■ sich Teddy in Janas Pullover.

18 Sind die unterstrichenen Wörter Verben?

Das älteste Haustier der Welt

		ja	nein
13	In der Steinzeit zogen die Menschen junge Wölfe auf.	9	11
14	Die Wölfe halfen wahrscheinlich bei der Jagd.	6	7
15	Auch warnten sie die Menschen, wenn sich Fremde näherten.	11	5
16	Aus den Wölfen entwickelte sich der Hund.	10	6
17	Noch heute werden Hunde bei der Jagd eingesetzt.	1	2
18	Andere bewachen Haus und Hof.	12	8

		ja	nein
19	Hunde können viel besser riechen als der Mensch.	3	1
20	Sie verfolgen sogar Spuren, die mehrere Tage alt sind.	7	3
21	Lawinenhunde spüren Menschen unter dem Schnee auf.	6	4
22	Beim Zoll arbeiten Hunde, die Rauschgift erschnüffeln.	8	6
23	Andere Hunde lernen, Blinde zu führen.	4	9
24	Die meisten Hunde leben in einer Familie.	8	5

19 In fünf Zeilen wurden Wörter unterstrichen, die keine Verben sind. Suche in diesen Zeilen die Verben und schreibe sie auf.

Überprüfe mithilfe der Lösung auf Seite 32.

Personalformen von Verben

Info:

Verben können ihre Form ändern.
Durch die Endung gibt man an, wer etwas tut.

<u>Grundform:</u> *lachen*

<u>Personalformen:</u>

Einzahl	Mehrzahl
Ich lache.	*Wir lachen.*
Du lachst.	*Ihr lacht.*
Er (sie, es) lacht.	*Sie lachen.*

20 Wie heißt die richtige Endung?

Pausengespräche

1	„Komm◆ du heute mit ins Schwimmbad?“	en	**12**	st	**6**
2	„Natürlich komm◆ ich mit.“	en	**7**	e	**4**
3	„Könn◆ wir auch mitkommen?“	t	**11**	en	**1**
4	„Klar, aber ihr müss◆ erst eure Eltern fragen.“	t	**5**	e	**8**
5	„Der Bus fähr◆ um zwei Uhr vom Marktplatz.“	e	**10**	t	**7**
6	„Wir treff◆ uns am Kiosk bei der Haltestelle.“	en	**3**	e	**6**

7	„Esther geh◆ schon nach Hause.“	t	**9**	en	**5**
8	„Sie fühl◆ sich nicht gut.“	en	**4**	t	**11**
9	„Da komm◆ Benni und Erdal.“	en	**2**	t	**8**
10	„Erdal häl◆ etwas hinter seinem Rücken!“	t	**8**	st	**10**
11	„Ich glaub◆, das ist eine Wasserbombe.“	en	**5**	e	**12**
12	„Am besten, wir renn◆ schnell weg.“	en	**10**	t	**9**

21 Welche Personalform musst du anstelle der Grundform einsetzen?

Mein zehnter Geburtstag

13 Heute (haben) ich Geburtstag.

14 Neun Kinder aus meiner Klasse (kommen).

15 Zuerst (spielen) wir im Garten.

16 Mein Vater (decken) inzwischen den Tisch.

17 Da (rufen) meine Mutter:

18 „Kinder, (können) ihr einen Augenblick leise sein?

19 Jetzt (beginnen) die Schatzsuche!“

20 Moritz und Runa (finden) den Schatz unter einem Strauch.

21 Ich (dürfen) den Schatz auspacken.

22 Er (bestehen) aus kleinen Geschenken und Süßigkeiten.

23 „Sarah, (wollen) du mit mir tauschen?

24 Ich (mögen) nämlich keine Lakritze.“

Zeitformen von Verben: Gegenwart und Vergangenheit

Info:

Verben haben verschiedene Zeitformen.
Was gerade geschieht, steht in der Gegenwart (Präsens).
Was schon geschehen ist, steht in der Vergangenheit (Präteritum)

Gegenwart	Vergangenheit
ich lache	*ich lachte*
du lachst	*du lachtest*
er, sie, es lacht	*er, sie, es lachte*
wir lachen	*wir lachten*
ihr lacht	*ihr lachtet*
sie lachen	*sie lachten*

22 Steht das Verb in der Vergangenheit oder in der Gegenwart?

		Gegenwart	Vergangenheit
1	Gestern hatte ich Geburtstag.	**17**	**19**
2	Ich bekam ein spannendes Computerspiel, einen Fußball und noch andere Geschenke.	**21**	**22**
3	Heute kommen meine Freundinnen und Freunde.	**24**	**20**
4	Wir gehen zusammen ins Kino.	**20**	**18**
5	Meine Oma wollte auch mitkommen.	**15**	**17**
6	Hoffentlich ist sie pünktlich bei uns.	**21**	**23**

		Gegenwart	Vergangenheit
7	Mein Hund bellt.	**16**	**14**
8	Er hat Hunger.	**13**	**23**
9	Ich gebe ihm etwas zu fressen.	**23**	**15**
10	Gestern bekam er sogar einen Knochen.	**19**	**18**
11	So etwas frisst er am liebsten.	**14**	**16**
12	Jetzt schläft er in der Sonne.	**15**	**17**

Info:

Die meisten Verben bilden die Vergangenheit mit der Endung *-te*.
Es gibt aber auch Verben, die verändern den Wortstamm:

Gegenwart	Vergangenheit
ich gehe	*ich ging*
du gehst	*du gingst*
er, sie, es geht	*er, sie, es ging*
wir gehen	*wir gingen*
ihr geht	*ihr gingt*
sie gehen	*sie gingen*

23 Wie heißt die Vergangenheitsform?

1 Wir (liegen) im Waldhaus in tiefer Nacht.
2 Da (nahen) ein Trappeln. Erwacht! Erwacht!
3 Vorm Fenster (stehen) die Wölfe
4 Und (heulen), alle zwölfe.
5 Noch zwanzig (kommen) dazu
6 Und (helfen) heulen. Hu!
Jetzt waren es zweiunddreißig.
7 Wir (zittern) und
8 (bibbern) fleißig.
9 Nun (bringen) wir denen das Bibbern bei.
10 Wir (brüllen) wie die Löwen – eins, zwei, drei!
11 Die Wölfe (fliehen) in die Ferne.
Weg waren sie. Das hatten wir gerne.
Im Waldhaus war es wieder still.
12 Nur der Wind (pfeifen) noch,
bald leis, bald schrill.

Josef Guggenmos

Quelle: Josef Guggenmos: Sonne, Mond und Luftballon. Beltz & Gelberg, Weinheim u. Basel 1984

24 Setze die folgenden Sätze in die Vergangenheit.

saß **10**
hielt **7**
erschrak **1**
flog **9**
sah **12**
ließ **11**

Der Nussdieb

1 Ich sitze am Fenster.
2 Da sehe ich im Baum ein Eichhörnchen
3 Es hält eine Nuss in seinen Pfoten.
4 Plötzlich fliegt eine große Krähe über den Baum.
5 Das Eichhörnchen erschrickt.
6 Es lässt die Nuss fallen.
7 Das Eichhörnchen springt auf einen anderen Baum.
8 Die Nuss fällt zu Boden.
9 Eine Maus läuft eilig herbei.
10 Sie greift die Nuss.
11 Mühsam bringt sie die Nuss zu ihrem Versteck.
12 Dort frisst sie die Nuss auf.

griff **2**
fiel **3**
fraß **6**
lief **8**
brachte **4**
sprang **5**

Die Grundform von Verben bestimmen

Info:

Wenn du im Wörterbuch ein Verb nachschlagen willst,
musst du die Grundform kennen:
du schliefst Grundform: *schlafen.*

25 Bestimme zu den Verbformen die Grundform.
Schreibe beide Formen so in dein Heft:
du gingst – gehen

denken 18

1 Nach den Ferien fuhr ich wieder nach Hause.
2 Mein Opa brachte mich zum Bahnhof.
3 Im Zug fing ich an zu singen.
4 Ich dachte schon an meinen Freund.
5 Vom Bahnhof ging ich allein nach Hause.
6 Ich schrieb meinen Großeltern einen langen Brief.

gehen 19

schreiben 16

bringen 15

fahren 17

anfangen 14

springen 20

7 Das Mädchen ritt auf einem Esel.
8 Sie warf mir einen bösen Blick zu.
9 Ich riss ein paar Blumen ab.
10 Da sprang sie vom Esel.
11 Ich schnitt eine Grimasse.
12 Dann lief ich schnell weg.

schneiden 24

laufen 22

reißen 13

reiten 21

werfen 23

Was sind Adjektive?

Info:

Adjektive beschreiben, wie Nomen sind oder aussehen:
Die Blume ist rot; die rote Blume.
Adjektive heißen auch Eigenschaftswörter oder Wiewörter.
Adjektive werden kleingeschrieben.

26 Welches Adjektiv passt zu welchem Nomen?

1 der Hund
2 das Halsband
3 die Leine
4 der Spaziergang

lang **9**
zottelig **12**
anstrengend **11**
rot **8**

5 der Ball
6 der Rasen
7 der Spieler
8 der Sturz

müde **2**
grün **7**
schmerzhaft **6**
rund **4**

9 das Abenteuer
10 die Treppe
11 das Gespenst
12 die Flucht

steil **3**
schnell **1**
aufregend **10**
gruselig **5**

27 Schreibe die Nomen mit den passenden Adjektiven wie im folgenden Beispiel in dein Heft:
das Kind - klein: das kleine Kind
Überprüfe mithilfe der Lösungen auf Seite 32, ob du richtig geschrieben hast.

Info:

Adjektive, die vor einem Nomen stehen,
haben je nach Fall verschiedene Endungen:
ein junger Mann, die schöne Frau, des neuen Schiffes, dem reichen Onkel.

28 **Was musst du einsetzen?**

Nur Theater?

13	Die Theater-Gruppe hat ein ■ Stück eingeübt.	neuem **22**	neues **24**
14	Es handelt von einem ■ Jungen namens Bill.	kleinen **20**	kleine **23**
15	Bill wird ständig von ■ Schülern geärgert.	größere **14**	größeren **22**
16	Eines Tages begegnet Bill einem ■ Mann.	alten **23**	alte **15**
17	Dieser schenkt Bill einen ■ Stein.	glänzende **21**	glänzenden **14**
18	Der Zauberstein macht jeden zu einem ■ Menschen.	mutigen **21**	mutige **16**
19	Aber er funktioniert nur, wenn sich Bill ■ Freunde sucht, die ihm beistehen.	guten **18**	gute **13**
20	Bill erzählt einigen ■ Kindern von seinem Stein.	nette **19**	netten **18**
21	Sie versprechen ihm zu helfen, wenn die ■ Schüler wieder kommen.	gemeinen **16**	gemeine **15**
22	Am nächsten Tag in der ■ Pause passiert es:	großen **19**	große **22**
23	Bill tritt mit seinen ■ Freunden den Jungen entgegen und diese verdrücken sich.	neue **15**	neuen **17**
24	So hat der ■ Stein Bill geholfen - oder?	wundersame **15**	wundersamen **22**

29 Ersetze die unterstrichenen Adjektive durch solche, die den Gegensatz bilden.

So ein Unsinn

neue 11

ordentlich 7

1 Meine Hose ist sehr sauber.

2 Außerdem ist sie trocken geworden.

3 Am Knie ist sie sogar heil.

4 Ich ziehe mir lieber eine alte Hose an.

5 Dazu kommt ein schlechtes Hemd.

6 Jetzt sehe ich wieder unordentlich aus.

gutes 3

schmutzig 12

kaputt 10

nass 8

bunte 4

sorgfältig 6

7 Lena hat für ihre Mutter ein hässliches Geschenk gebastelt.

8 Es ist ein unnützer Bilderrahmen.

9 Lena hat die Pappe schön schief ausgeschnitten.

10 Dann hat sie farblose Blumen gemalt.

11 Diese hat sie schlampig aufgeklebt.

12 Lena war wirklich faul.

gerade 9

schönes 1

nützlicher 5

fleißig 2

Adjektive mit den Endungen *-lich* und *-ig*

Info:

Adjektive enden häufig auf *-lich* oder *-ig*.
Um zu entscheiden, wie das Wort geschrieben wird, führe die Verlängerungsprobe durch.
Dabei ist die Endung gut zu hören:
mutig - das mutige Mädchen,
schrecklich - der schreckliche Drache.

30 Was muss ergänzt werden?

Ein Bad für Alfi

		-ich	-ig
13	Moritz und sein Hund Alfi sind unzertrennl◆.	**23**	**22**
14	Aber gestern ist Alfi ständ◆ weggelaufen.	**16**	**19**
15	Er hat sich dabei sehr schmutz◆ gemacht.	**18**	**21**
16	Außerdem hat er widerl◆ gerochen.	**24**	**15**
17	Moritz bekam richt◆ Ärger mit seiner Mutter.	**13**	**14**
18	Gewöhnl◆ kommt Alfi nicht in die Badewanne.	**22**	**18**

		-ich	-ig
19	Sein Fell ist nämlich lang und zottel◆.	**23**	**13**
20	Deshalb findet er Baden überhaupt nicht lust◆.	**15**	**18**
21	Aber gestern war es einfach nöt◆.	**20**	**15**
22	Es war schwier◆, Alfi in die Wanne zu bekommen.	**18**	**20**
23	Zum Glück ist Alfi nicht biss◆.	**19**	**17**
24	Nach dem Bad sah Alfi wieder niedl◆ aus.	**16**	**22**

Adjektive kann man steigern

Info:

Adjektive lassen sich steigern.

Grundform: *Lars läuft schnell.*

1. Steigerungsform: *Jasmin läuft schneller.*

2. Steigerungsform: *Ina läuft am schnellsten.*

Die 1. Steigerungsform steht oft in Vergleichen:

Jasmin läuft schneller als Lars.

31 Setze die Adjektive in der richtigen Steigerungsform ein.

Lies immer drei Sätze und entscheide dann.

1 Heute bin ich ■ gelaufen.

2 Aber Salim war noch ■ als ich.

3 Den 100-Meter-Lauf gewann Ina; sie ist ■ gelaufen.

schnell 19 – am schnellsten 22 – schneller 23

4 Beim Werfen war ich ■.

5 Fitim war allerdings noch ■.

6 Timo wurde Letzter; er war ■.

schlecht 20 – schlechter 15 – am schlechtesten 24

7 Sina hat gewonnen: Sie ist mit 3,40 Meter ■ gesprungen.

8 Meine Freundin Alena ist 2,90 Meter ■ gesprungen.

9 Ich kam aber 5 Zentimeter ■ als sie.

weit 14 – weiter 21 – am weitesten 18

10 Das Fußballspiel der vierten Klassen fand ich ziemlich ■.

11 Allerdings hat die 4b ■ gespielt als wir.

12 Aber ■ vom ganzen Sportfest hat mir das anschließende Grillfest gefallen.

besser 13 – am besten 17 – gut 16

Zusammengesetzte Adjektive

Info:

Manche Adjektive sind aus einem Nomen und einem Adjektiv zusammengesetzt:
Gras + grün = grasgrün.
Mit solch einem Adjektiv kann etwas genauer und anschaulicher beschrieben werden.
Auch zusammengesetzte Adjektive werden kleingeschrieben.

32 Bilde zusammengesetzte Adjektive.
Überprüfe mit LÜK.
Schreibe die neuen Wörter in dein Heft.
Vergleiche mit der Lösung auf Seite 32.

1 Blitz
2 Eis
3 Schnee
4 Stunde(n)

schnell **19**
weiß **24**
kalt **21**
lang **20**

5 Spiegel
6 Haus
7 Honig
8 Kind(er)

glatt **17**
süß **15**
leicht **13**
hoch **22**

hart **14**
schwarz **23**
alt **16**
groß **18**

9 Pech
10 Riese(n)
11 Knall
12 Stein

Lösungen

Aufgabe 3

- 1 die Blume
- 2 die Sonne
- 5 der Geburtstag
- 7 der Kuchen
- 8 die Freundin
- 10 das Geschenk
- 12 der Abend

Aufgabe 4

- 1 der Zoo
- 2 der Eintritt
- 4 der Elefant
- 6 der Rüssel
- 7 der Seehund
- 9 der Wärter
- 10 der Eimer
- 11 der Fisch

Aufgabe 6

- 1 die Sauberkeit
- 2 das Eigentum
- 3 die Finsternis
- 4 die Gesundheit
- 5 die Frechheit
- 6 der Reichtum
- 7 die Dankbarkeit
- 8 die Wildnis
- 9 die Heiterkeit
- 10 die Wahrheit
- 11 das Heiligtum
- 12 die Klugheit

Aufgabe 19

- 2 Die Wölfe halfen wahrscheinlich bei der Jagd.
- 5 Noch heute werden Hunde bei der Jagd eingesetzt.
- 7 Hunde können viel besser riechen als der Mensch.
- 8 Sie verfolgen sogar Spuren, die mehrere Tage alt sind.
- 12 Die meisten Hunde leben einfach in einer Familie.

Aufgabe 27

- 1 der zottelige Hund
- 2 das rote Halsband
- 3 die lange Leine
- 4 der anstrengende Spaziergang
- 5 der runde Ball
- 6 der grüne Rasen
- 7 der müde Spieler
- 8 der schmerzhafte Sturz
- 9 das aufregende Abenteuer
- 10 die steile Treppe
- 11 das gruselige Gespenst
- 12 die schnelle Flucht

Aufgabe 32

- 1 blitzschnell
- 2 eiskalt
- 3 schneeweiß
- 4 stundenlang
- 5 spiegelglatt
- 6 haushoch
- 7 honigsüß
- 8 kinderleicht
- 9 pechschwarz
- 10 riesengroß
- 11 knallhart
- 12 steinalt